Inhalt

In der Schule

Wir sind wieder da

1 Was mögen deine Mitschüler?
Schreibe es auf!

Fußball
Tanz
Handball
Schach
Chor

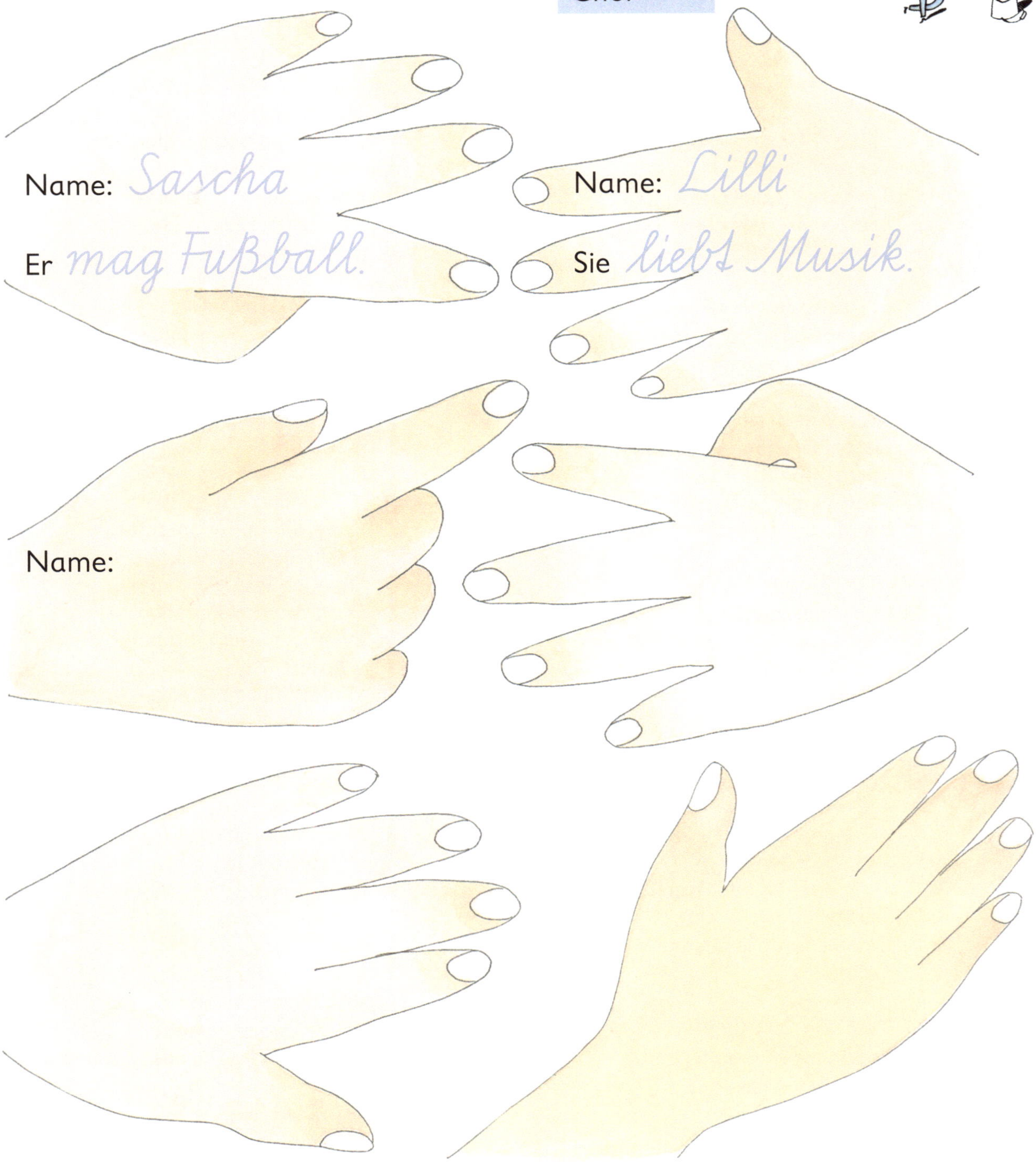

★ Was mögen deine Lehrer gern?

Fragen beantworten

1 Beantworte die Fragen im Satz!
Schreibe zum Schluss eine Frage hinzu!

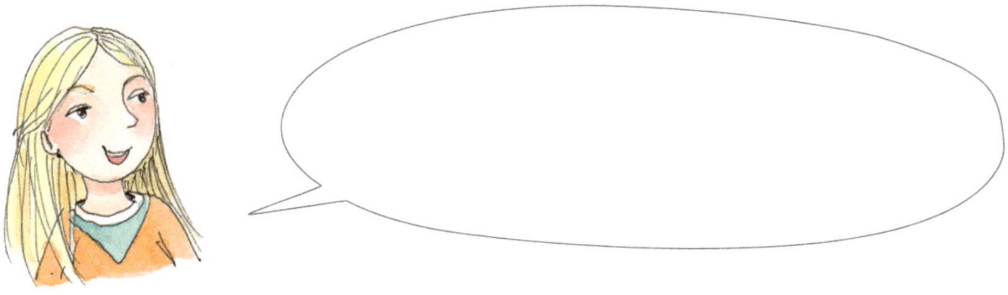

★ Finde heraus, welche Lieblingsfächer deine Mitschüler haben!

Besondere Nomen

1 Unterstreiche alle zwölf Nomen!

So ein Schreck
Hannes hat am ersten Tag nach den Ferien verschlafen.
Voller Sorge fragt er sich: „Komme ich noch pünktlich zur Schule?“
Zum Glück fährt Mama ihn schnell hin. Im Schulhaus ist Ruhe,
denn es hat schon geklingelt. Er nimmt allen Mut zusammen
und klopft an die Tür.

2 Schreibe die Nomen auf, die keine Dinge
oder Personen bezeichnen!

3 Markiere alle Nomen!
Schreibe sie in der Einzahl und Mehrzahl auf!

KLEIN • TRAUM • RIESIG • STURM • JETZT
SCHATTEN • MANCHE • NACHT • EINIGE • WUNSCH

Einzahl | **Mehrzahl**

★ Suche Nomen, die Gefühle ausdrücken!

Zusammengesetzte Nomen

1 Vervollständige den Text!

~~Schuljahr~~ • Englischstunde • Buntstifte • Schreibhefte
Unterrichtsfach • Begrüßungsspiel

Das Schuljahr hat begonnen. Alle Kinder haben neue

__________ und __________ . Auf dem Plan

steht ein neues __________ .

Gespannt warten alle auf die erste __________ .

Die Stunde beginnt mit einem __________ .

2 Unterstreiche in den Zusammensetzungen aus Aufgabe 1
das Bestimmungswort und das Grundwort!

3 Schreibe zusammengesetzte Nomen auf!

Diese Wörter werden zum
Bestimmungswort.

Sport • lesen • bunt

Das wird das
Grundwort.

das Buch • das Papier
die Tasche • die Ecke
die Stifte • die Halle

____

____

____

★ Bilde mit deinem Lieblingsfach zusammengesetzte Nomen.

Das Abc und Wörterbucharbeit

1 Wie heißen die Wörter?
Schreibe sie dann nach dem Alphabet geordnet auf!

A	C	D	E	G	H	I	K	L	M	N	R	S	T	U	Ü	Z
1	2	3	4	5	6	7	8	9	10	11	12	13	14	15	16	17

5–9–16–2–8 ______ 14–12–1–15–10 ______ 12–15–6–4 ______

6–15–11–5–4–12 ______ 6–7–14–17–4 ______ 3–15–12–13–14 ______

______

2 Ordne nun diese Wörter nach dem Alphabet!

helfen • hell • Herz • Herbst • heute • haben

______

3 Suche die richtigen Stichwörter im Wörterbuch! Schreibe sie darunter!

du kommst ______ wärmer ______ ich will ______

es frisst ______ die Späße ______ länger ______

★ Suche im Wörterbuch die Buchstaben **C** und **M**!
Finde das kürzeste und das längste Wort!

Wörter mit b, d und g in der Wortmitte und am Wortende

1 Untersuche die Wörter! Arbeite so:

Gebur☼	die Geburten	die Geburt
Bran☼		
Zwer☼		
Pake☼		
hän✱st	hängen	du hängst
ich kle✱e		
ihr re✱et		
er mer✱t		
jun♦	junger	jung
blin♦		
har♦		
star♦		

2 Suche dir zwei Wörter aus und schreibe Sätze!

★ Bilde zum Wort **leben** eine Wortfamilie!

Nach den Ferien

Die Klasse 3a trifft sich zum Morgenkreis. Die Kinder stellen Fragen zum neuen Schuljahr. Alle haben gute Ideen. Die Lehrerin hört den Kindern gespannt zu. Es gibt viele Wünsche. An erster Stelle steht die Klassenfahrt. Die Freude darauf ist groß.

1 Unterstreiche alle Nomen, die keine Personen oder Dinge bezeichnen!

2 Wähle drei Nomen aus dem Text aus! Schreibe sie in der Einzahl und in der Mehrzahl auf!

____

____

____

____

3 Bilde zusammengesetzte Nomen!

Märchen — Lesung

Seite — Kinder

Messe — Wörter

BUCH

Bestimmungswort Buch :

____

____

Grundwort Buch : ______________________________

____

____

4 Unterstreiche die drei Fehler im zweiten Satz!

Leon schreipt einen Text über eine Burk. 

Die Lehrerin brinkt neue hefte mit und gipt sie aus.

5 Suche die Wörter im Wörterbuch! Berichtige so:

	Seite	**Stichwort**
schrei b t		
Bur		
brin t		
efte		
gi t		

6 Im Morgenkreis reden die Kinder über das neue Schuljahr.
Was wünschst du dir? Schreibe es in Sätzen auf!

Im Herbst

Verben

1 Setze die Verben in der richtigen Personalform ein!

fallen
sammeln
gehen
klettern
rascheln
beobachten
suchen

Nach der Schule ___ Felix und Selina durch den Park nach Hause. Die ersten Blätter ___ bereits von den Bäumen. Felix ___ Kastanien und Eicheln. Selina ___ besonders schöne bunte Blätter. Plötzlich ___ es. In der Baumkrone ___ ein Eichhörnchen. Gespannt ___ beide das niedliche Tier.

2 Schreibe die Verben in der Grundform auf!
Unterstreiche Wortstamm und Endung unterschiedlich!

du drehst – *drehen*

du nimmst – ___

er hat – ___

wir riechen – ___

es beginnt – ___

du beobachtest – ___

3 Finde passende Verben für die Wortfelder!

___ / ___ **sehen** ___ / *erblicken*

___ / ___ **gehen** ___ / ___

★ Was entdeckst du im Herbst? Schreibe es auf!

Treffende Adjektive

1 Setze die Adjektive passend ein!

schwarz-weiß grau

ELSTER

~~diebisch~~ laut

die diebische Elster

der ______ Schnabel

das ______ Kreischen

das ______ Gefieder

2 Finde treffende Adjektive! Ergänze die Wortgruppen!

buschig ______

EICHHÖRNCHEN

______ ______

der ______ Schwanz

das ______ Fell

das ______ Tier

die ______ Zähne

3 Beschreibe eines der Tiere in Sätzen!
Unterstreiche die Adjektive!

______

______

______

______

______

★ Schreibe Tierrätsel für deine Mitschüler!

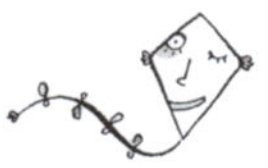

Wörter mit St/st und Sp/sp

1 Setze **st** oder **sp** ein! Sortiere dann nach Wortarten!

☐ät	☐reiten
☐euern	☐itz
☐ark	☐iegeln
☐umpf	☐azieren
☐ehen	☐ill

Adjektive	**Verben**

2 Finde neun Nomen mit **St** oder **Sp**! Markiere sie!

S	P	I	E	G	E	L	M	O	P	Z	I	A
S	T	O	F	F	X	S	T	I	E	L	V	J
K	L	S	T	R	A	N	D	H	S	V	T	H
A	S	P	I	T	Z	E	M	S	T	Ü	C	K
S	T	U	H	L	U	S	T	U	R	M	X	W
A	B	C	X	Y	S	T	A	D	T	J	V	R

3 Schreibe die Nomen aus Aufgabe 2 in der Mehrzahl auf!

die Spiegel,

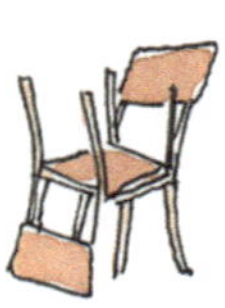

★ Suche Zungenbrecher mit **st** oder **sp**!

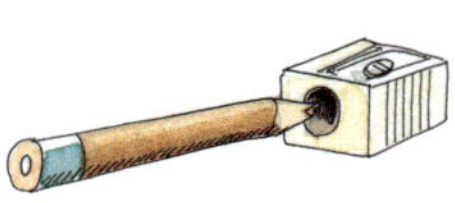

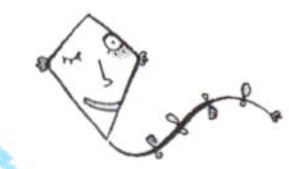

Wörter mit ch

1 Unterstreiche alle Wörter mit **ch**!

Auf dem Schulhof beobachtet Tim Regenwürmer. Das sind nützliche Tiere. Bei feuchtem Wetter kriechen sie an die Oberfläche. Dann sieht man viele kleine Löcher im Boden. Regenwürmer sind empfindlich. Deshalb muss Tim vorsichtig sein.

2 Schreibe die unterstrichenen Wörter geordnet heraus!

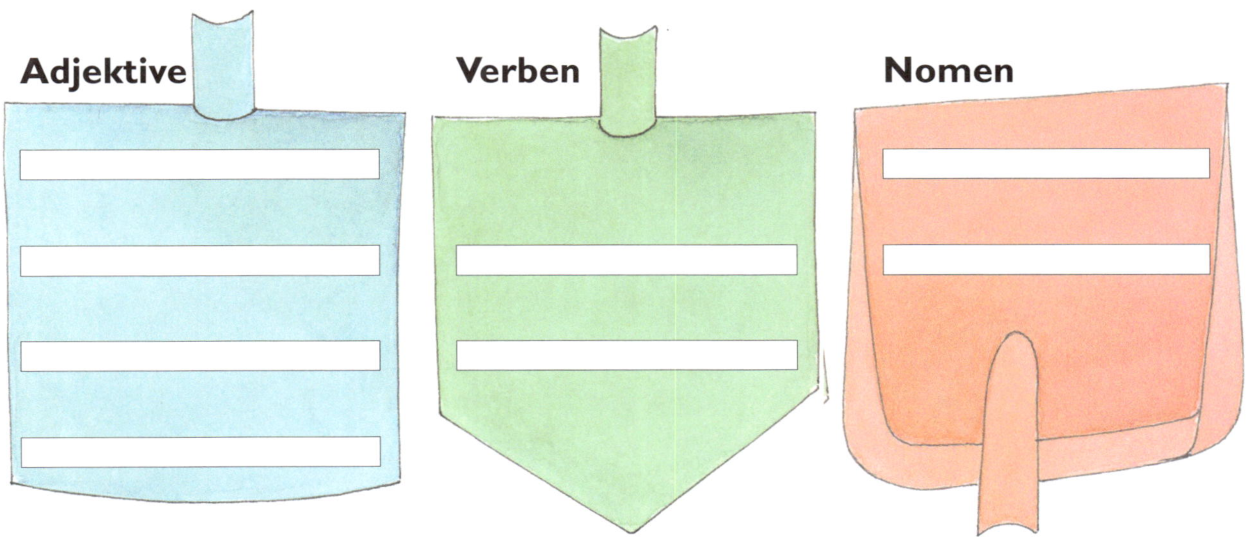

3 Markiere in jeder Zeile den Fehler! Berichtige!

Ben Zeichnet Regenwürmer. zeichnet

Die Erde richt frisch.

Der Mond läuchtet hell am Himmel.

Der geruch von Kuchen zieht durch die Küche.

Der Unterrischt ist schnell vorbei.

★ Suche Namen, die mit **Ch** beginnen!

Miteinander leben

Präsens und Präteritum

1 Markiere alle Verben im Text!

Das Endspiel meiner Handballmannschaft war ganz spannend. Lange Zeit lagen wir mit einem Tor im Rückstand. Doch unser Tormann hielt fast alle Bälle. Wir liefen über das Spielfeld und warfen fünf Tore hintereinander. Alle klatschten Beifall. Unsere Freunde und Eltern gratulierten uns zum Sieg.

2 Vervollständige die Tabelle!

	Es passierte gestern. Präteritum	**Es passiert heute. Präsens**
es	war	es
wir		
er		
wir		
wir		
sie		
sie		

3 Schreibe den vierten Satz aus dem oberen Text im Präsens auf!

★ Bilde alle Präteritumsformen von **wünschen** und **schieben**!

Personalpronomen

1 Ersetze das Nomen durch ein passendes Personalpronomen!

 die Handschuhe — *sie*

 das Tor

 die Pfeife

 der Ball

2 Ersetze die fett gedruckten Nomen durch ein Personalpronomen!

Felix geht zum Training.

Tim und Paul warten vor der Halle.

Heute möchte **Selina** einmal mitspielen.

Pünktlich um 15 Uhr beginnt **das Spiel**.

3 Bilde sinnvolle Sätze! Markiere das Personalpronomen!

ich, du, wir, ihr	schwimmen, rennen springen, kriechen	schnell, gut hoch, weit

★ Verstecke Personalpronomen in anderen Wörtern! *durstig, sieben* …

Eine Person beschreiben

1 Lies den Text genau! Unterstreiche die Informationen für den Steckbrief! Vervollständige ihn!

Leni ist neun Jahre alt.
Sie geht zum Handballtraining.
Dabei trägt sie ein Trikot,
eine kurze Hose und Sportschuhe.
Auch Knieschützer gehören zu
ihrer Ausrüstung.
Leni wird oft als Kreisläuferin
eingesetzt.
Sie kann schnell laufen
und besonders gut werfen.

Name: Leni

Alter: ______

Sportart: ______

Aufgabe: ______

Ausrüstung: ______

______

______

______

Eigenschaften: ______

______

2 Sammle Wörter, die den Torhüter beim Fußball beschreiben!

Stutzen

______

______

______

______

★ Beschreibe deinen Lieblingssportler!

Zwei Geschichten entdecken

1 Zwei Geschichten haben sich in einem Text versteckt. Unterstreiche sie mit unterschiedlichen Farben!

Tim ist schon sehr aufgeregt.

Am Nachmittag findet die große Schacholympiade statt.

Heute startet der Herbstlauf im Park.

Anne und Lukas spielen gegeneinander.

Im letzten Jahr war er Sieger.

Beide wollen gewinnen.

Klappt es heute wieder?

Es ist ganz schön spannend.

2 Schreibe für jede Geschichte eine Überschrift!

3 Suche dir eine Geschichte aus! Schreibe sie weiter!

★ Gestalte deine Geschichte!

Geschichten mit dem roten Faden überprüfen

1 Überprüfe die Geschichte mit dem roten Faden!
Beantworte die Fragen!

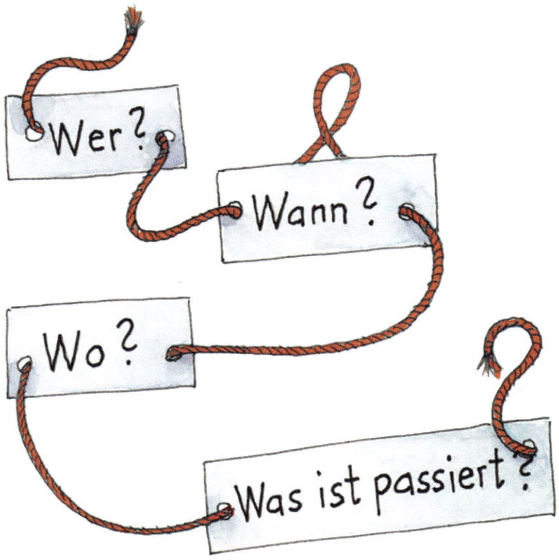

Paul erzählt:

Letzten Sonnabend waren wir bei einem Fußballturnier in der Sporthalle.
Pünktlich um 14 Uhr ging es los.
Wir spielten gegen drei weitere Mannschaften.
Im Endspiel lagen wir lange zurück.
Plötzlich bekam ich den Ball vor die Füße und schoss ein Tor.
Alle jubelten.

Wer? In der Geschichte gibt es immer eine Hauptfigur.

____

Wann? Geschichten spielen immer in einer bestimmten Zeit.

____

Wo? Geschichten spielen immer an einem Ort.

____

Was passiert? Es wird erzählt, was Personen erleben.

____

____

★ Schreibe deine Ideen auf Geschichtenkarten!

ein Tor für Paul | der verschenkte Elfmeter

Wörter mit Sch/sch

1 Markiere alle Wörter mit **Sch/sch**!

S	C	H	M	U	T	Z	I	G	X	S	C	H	M	E	C	K	E	N
S	C	H	A	T	T	E	N	Y	S	C	H	I	E	B	E	N	Z	S
C	D	T	H	J	K	E	R	S	C	H	R	E	C	K	E	N	M	C
H	U	I	K	S	L	L	S	C	H	Ü	T	T	E	L	N	B	C	H
I	G	R	M	B	G	S	C	H	A	R	F	K	R	R	E	E	E	R
E	Z	G	E	S	C	H	Ä	F	T	M	A	S	C	H	I	N	E	E
F	R	I	S	C	H	J	D	G	Z	W	Ü	N	S	C	H	E	N	C
Z	A	S	C	H	W	I	E	R	I	G	R	T	Z	S	L	R	R	K

2 Sortiere nach Wortarten:

Nomen (5 Wörter):

Verben (5 Wörter):

Adjektive (5 Wörter):

3 Wähle eine Wortart aus Aufgabe 2 aus!
Schreibe die Wörter nach dem Abc geordnet auf!

★ Finde Wörter, die mit **schl** beginnen!

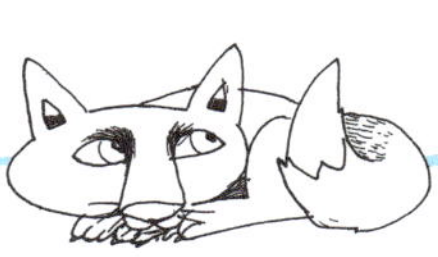

Bist du fit?

Herbstlauf

Jedes Jahr im Oktober startet die 8. Grundschule ihren Herbstlauf.
Gestern war es wieder so weit. Pünktlich um 10 Uhr begann der Lauf.
Zuerst rannten die 1. und 2. Klassen.
Die Lehrerin rief: „Lauft eine Runde!“ Die Klasse 1a gewann.
Murat aus der 4. Klasse fragte: „Wie viele Runden rennen wir?“
Maria antwortete ihm: „Wir laufen die doppelte Strecke.“
Die Sieger bekamen einen kleinen Pokal.

1 Markiere im Text alle Verben!

2 Sortiere die Verben nach Zeitformen:

Präsens: ____________________

____

Präteritum: ____________________

____

____

3 Ergänze die fehlenden Formen!

Grundform	Präsens	Präteritum
haben	er	
	ich laufe	
		du fühltest
blitzen	es	

1 ☺ 😐 2 ☺ 😐 3 ☺ 😐

4 Überarbeite den Text!
- Überprüfe die Zeitformen!
- Ersetze sich wiederholende Nomen durch Personalpronomen!

Gestern verstaucht sich Max die Hand.

Die Hand wird sofort dick.

Max bekommt einen kalten Umschlag.

Max war ganz unglücklich.

Seine Mitschüler trösten ihn.

5 Beschreibe den Spieler! Wie sollte er sein?

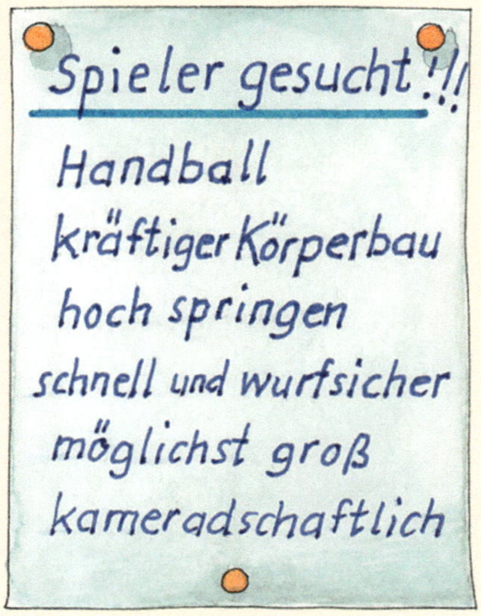

Märchenzeit

Märchen kennen

1 Im Text sind sieben Märchen versteckt!
Schreibe sie auf!

Aschenputtel besuchte seine Großmutter Dornröschen.
Es brachte Kuchen und Wein in einem Korb mit.
Im Wald traf es einen Frosch, der sich in einen Prinzen verwandelte.
Er wollte sich bei Hänsel und Gretel satt essen,
um dann die sieben Zwerge zu besuchen.
Unterwegs begegnete er auch den Bremer Stadtmusikanten.

2 Verbinde das Bild mit dem Satz aus dem Märchen!

Bei der Arbeit halfen ihr die Tauben.

Er brachte der Prinzessin ihr Lieblingsspielzeug.

Die Freunde zogen in eine große Stadt.

Sie stach sich beim Spinnen in den Finger und fiel in einen langen Schlaf.

Sie war die Schönste im ganzen Land und hatte treue Freunde.

★ Erzähle dein Lieblingsmärchen deinen Mitschülern!

Ein neues Märchen schreiben

1 Entscheide dich für eine Möglichkeit aus dem Märchenbuch!
Schreibe dazu ein neues Märchen!

Es war einmal

★ Zähle Wunder auf, die in Märchen passieren!

Verben im Präteritum

1 Setze die Verben im Präteritum ein!

Rotkäppchen *brachte* der Großmutter Kuchen und Wein. — bringen

Dornröschen ______ 100 Jahre lang. — schlafen

Rapunzel ______ ihr langes Haar herunter. — lassen

Die Bremer Stadtmusikanten ______ durch das Land. — ziehen

Schneewittchen ______ bei den sieben Zwergen. — wohnen

Frau Holle ______ kräftig die Betten aus. — schütteln

Abc **2** Vervollständige die Tabelle! Prüfe deine Schreibweise mit dem Wörterbuch!

Personalform im Präteritum	Grundform
sie brachte	*bringen*

3 Unterstreiche die Personalformen, bei denen sich der Wortstamm ändert!

★ Finde Zauberdinge im Märchen! *Tarnkappe, Goldesel ...*

Wörter mit ng und nk

1 Finde das Gegenteil!

rechts	alt	kurz	hell	weit

2 Unterstreiche die Wörter einer Wortfamilie mit der gleichen Farbe!

fangen	du bringst	der Fang	mitbringen
denken	du trinkst	er denkt	das Getränk
bringen	der Gedanke	getrunken	gedacht
trinken	gefangen	das Mitbringsel	er fing

3 Schreibe zwei Wortfamilien heraus! Finde weitere Wörter dazu!

★ Finde viele Verben mit **ng** und **nk**!

Im Winter

Satzglieder

1 Schreibe einen Satz und verwende alle Satzglieder!

mit Jenny | auf dem Schulhof | baute | Julia | gestern | einen Schneemann

____

____

2 Umrande die Satzglieder!

(Der Schnee) (fällt) (heute) (in dichten Flocken) (vom Himmel.)

Selina und Franz rodeln.

In der Kurve fällt Franz vom Schlitten.

Andere Kinder bauen auf dem Spielplatz einen großen Schneemann.

3 Ergänze weitere Satzglieder! Bilde immer längere Sätze!

Eishockey
am Nachmittag
in der Eishalle

Was? Felix spielt ______________.

Was? Wann? Felix spielt ______________ ______________.

Was? Wann? Wo? Felix spielt ______________ ______________ ______________.

Was? Mit wem? Wann? Wo? Felix spielt ______________ ______________ ______________ ______________.

★ Bilde einen langen Wintersatz!

Sätze umstellen

1 Umrande die Satzglieder! Stelle den Satz zweimal um!

Felix und Selina laufen mit Schlittschuhen um die Wette.

2 Stelle die Satzglieder so um, dass der Text für den Leser interessanter klingt!

Lena erzählt:
Ich habe gestern einen Schneemann gebaut.
Ich habe zuerst drei Schneekugeln gerollt.
Ich habe sie dann aufeinandergestellt.
Ich habe danach dem Schneemann einen alten Hut aufgesetzt.
Ich habe Gesicht und Bauch lustig verziert.
Ich habe ihn Karl genannt.

★ Schreibe Satzglieder auf Kärtchen!
Lass deinen Partner Sätze bilden!

Zusammengesetzte Verben

1 Bilde mit den Wortbausteinen viele Verben!

an auf ab um aus vor

ziehen: ____

____

passen: ____

beißen: ____

____

2 Setze in den Lückentext die Verben ein!

Emma und Franzi ziehen ihre Schlitten den Berg hoch. — hochziehen

Sie ____ beim Start ____. — ankommen

Emma ____ Franzi mit ihrem Schlitten ____. — abstoßen

Dabei ____ sie ____ und ____ ____. — ausrutschen, hinfallen

Schnell ____ sie wieder ____. Franzi — aufstehen

____ ____. Plötzlich ____ ihr Schlitten ____. — losfahren, umkippen

Sie ____ wie ein Schneemann ____. — aussehen

Franzi ____ sich den Schnee ____ und — abklopfen

____ schnell ____. — weiterfahren

★ Erkläre die Begriffe **Biathlon** und **Snowboard**!

Stolperstellen

ZUERST KLEBE ICH EINEN KLEINEN SCHNEEMANN
AUS PLASTIK INNEN AUF DEN DECKEL.
DANN SCHÜTTE ICH GLITZERFLOCKEN
IN DAS GLAS?
NUN FÜLLE ICH BIS ZUM RAND WASSER AUF.
ZUM SCHLUSS GEBE ICH KLEBSTOFF
AUF DEN DECKEL UND
DREHE DAS GLAS FEST ZU.

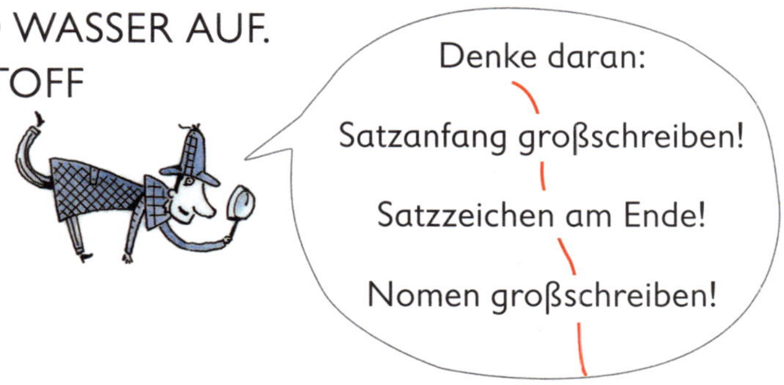

1 Schreibe den Text richtig ab!

★ Schreibe eine Karte für den, der deine Schneekugel erhält!

Doppelter Mitlaut nach kurzem Selbstlaut

1 Entscheide, ob kurzer oder langer Selbstlaut!

n oder nn	**s oder ss**	**f oder ff**
der Do ___ er	der E ___ el	der Lö ___ el
die Kro ___ e	die Nu ___	der Sto ___
der To ___	der Schlü ___ el	der Ho ___
die Ta ___ e	das Gra ___	das U ___ er

2 Schreibe die Reimwörter auf! Markiere den kurzen Selbstlaut!

ne ___ en zi ___ ern fa ___ en la ___ en schli ___ ern

re ___ en ke ___ en wi ___ ern pa ___ en

tt ___________ ___________ ___________

nn ___________ ___________ ___________

ss ___________ ___________ ___________

3 Suche verwandte Wörter! Markiere den Wortstamm!

schütteln, ___________

kämmen, ___________

brennen, ___________

wissen, ___________

fallen, ___________

★ Finde Wörter mit **dd**!

Wörter mit doppeltem Mitlaut

1 Ordne die Wörter nach Wortfamilien!

rennen | wir klettern | er rannte | das Kletterseil | das Wettrennen | der Kletterturm | das Rennrad | wir kletterten

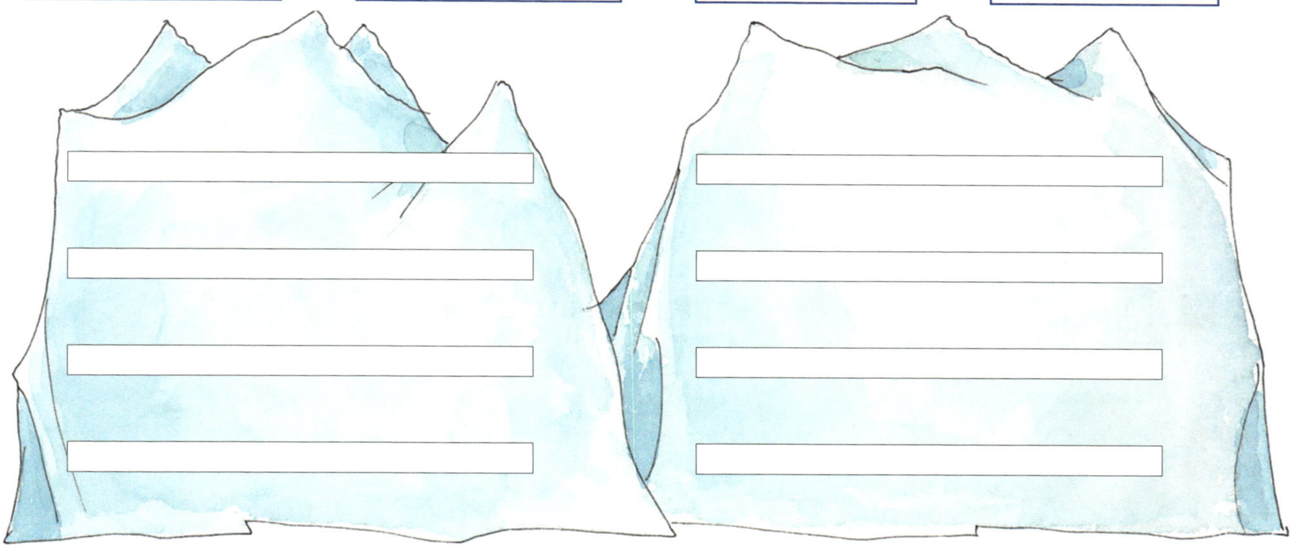

2 Markiere die Fehler! Berichtige die Sätze!

Selina und Franz trefen sich im Park.

Sie wolen eine rutschbahn bauen.

Sie renen und Schlittern schon mal los.

dabei fält Franz hin.

★ Finde Reimpaare mit doppeltem Mitlaut! *hell – schnell, …*

Bist du fit?

1 Am Nachmittag treffen sich einige Kinder der Klasse 3 in der Eishalle.
2 Tim trainiert schon seit einem Jahr Eisschnelllauf.
3 Seine Freunde probieren es heute auch aus.
4 Felix fällt sofort hin.
5 Er steht auf und lacht.
6 Paul und Selina halten sich gegenseitig fest.
7 Trotzdem haben alle viel Spaß.

1 Im Text stehen vier zusammengesetzte Verben.
Schreibe sie heraus!

2 Schreibe die Sätze 4 und 5 im Präteritum auf!

Satz 4:

Satz 5:

3 Verwende alle Satzglieder in einem Satz!
Stelle den Satz dann um!

alle Kinder | gemeinsam | Eishockey | zum Schluss | spielen

1 ☺ 😐 2 ☺ 😐 3 ☺ 😐

4 Unterstreiche alle sechs Fehler! Berichtige!

der Löfel, die Sonne,
das blatt,
die Sase, der Teller

schaffen, er kante,
ich Klettere,
es passte, er samelt

5 Wie baust du einen Schneemann? Schreibe eine Anleitung dazu!

4 ☺ 😐 5 ☺ 😐

Das tut mir gut

Prädikate kennen lernen

1 Was machen die Kinder in der Schwimmhalle?
Finde zu jedem Bild das treffende Verb!

1 

2 

3 

4 

2 Vervollständige die Sätze! Markiere die Prädikate!

1 Benni ______ im tiefen Wasser.

2 Maria ______ schon die fünfte Bahn.

3 Max ______ vom Startblock ins Wasser.

4 Alle ______ gemeinsam Wasserball.

3 Schreibe mindestens drei Sätze! Unterstreiche die Prädikate!

Benni	waschen	viele Bahnen
Ina	gewinnen	ihre Badetasche
Leni	packen	unter der Dusche
Dominik	frieren	ihre Haare
alle	schwimmen	den Tauchwettbewerb

★ Verwende die Verben **föhnen** und **wechseln** als Prädikate in Sätzen!

Zahlwörter

1 Markiere die Zahlwörter!

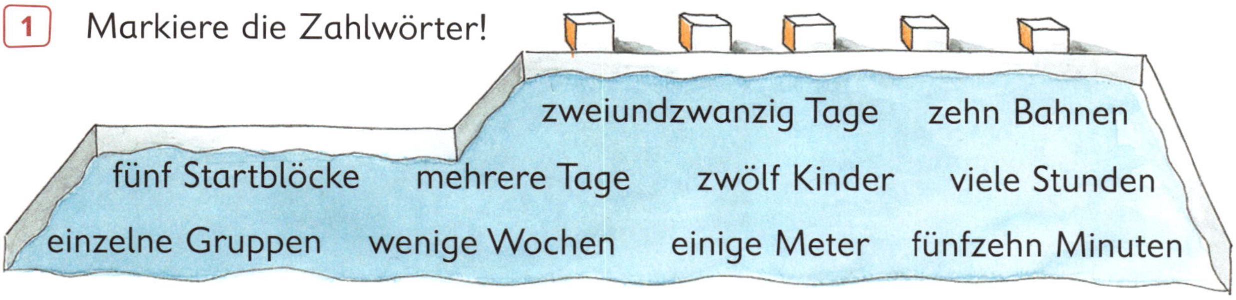

2 Ordne so:

bestimmte Zahlwörter (5 Wörter): *zweiundzwanzig,* ______________________

____

unbestimmte Zahlwörter (5 Wörter): *mehrere,* ______________________

____

3 Immer zwei gehören zusammen. Schreibe auf!

die zweite Stunde	Urlaub
ein halber Liter	Äpfel
mehrere Wochen	Milch
vier	Mathematik

____

____

____

____

★ In welcher Sportart stecken Zahlwörter? *100-Meter-Lauf, ...*

Verwandte Wörter

1 Schreibe die Wortpaare heraus! Bilde mit jedem Wortpaar einen Satz!

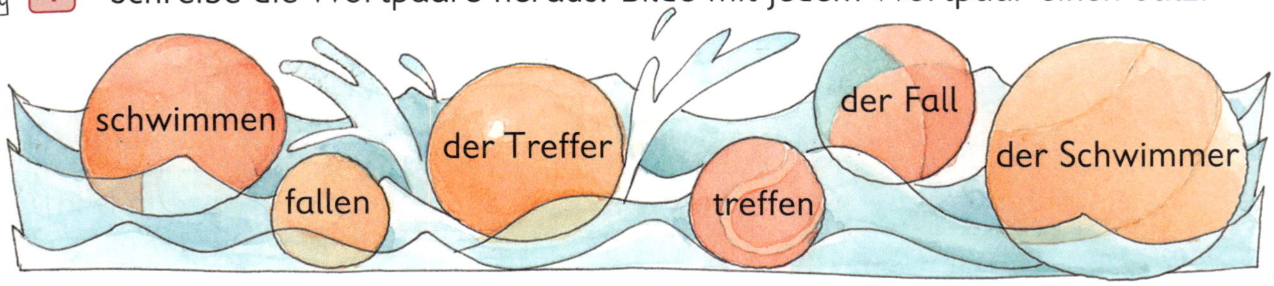

2 Finde zu den Verben verwandte Wörter!

schwimmen	*er schwimmt*	der Wurf
springen		der Fall
tauchen		der Schwimmer
fallen		der Taucher
werfen		der Streit
streiten		der Sprung

★ Manchmal steckt das Nomen im Verb: *schlafen – der Schlaf, tanzen – der Tanz.* Finde selbst Beispiele!

Eine Bildergeschichte schreiben

1 Sammle Wörter zu den Bildern! Schreibe sie auf!

Schwimmhalle,
am Nachmittag,

werfen, tauchen,
Wasserball,

die beste Mannschaft,
gratulieren,

2 Schreibe eine Geschichte mit deinen Wörtern!

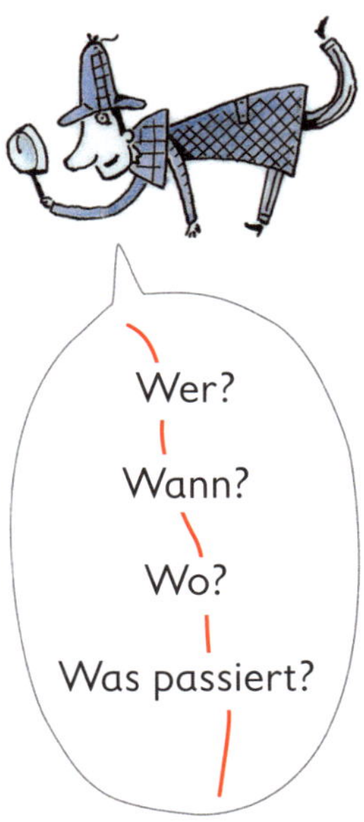

Was kannst du alles in der Schwimmhalle machen?
Spiele es deinen Mitschülern vor und lasse sie raten!

Wörter mit ck

1 Suche die Wörter im Wörterbuch! Setze **ck** oder **k** ein!

die Brü___e • der Bä___er • der Kro___us • die Ja___e • le___en
glü___lich • die Sti___er • stär___en • das Pa___et • di___ • schme___en
der Schran___ • e___ig • pa___en • mer___en • der Blo___ • qua___en

2 Schreibe alle Wörter mit **ck** geordnet heraus!

Nomen (5 Wörter): ______________________

____

____

Verben (3 Wörter): ______________________

Adjektive (3 Wörter): ______________________

3 Markiere die Fehler! Schreibe die Wortgruppen richtig auf!

der große block ______________________

die dreckige jacke ______________________

ein Stük Zukker ______________________

die dicke decke ______________________

das Eis schmekt ______________________

★ Finde viele Verben mit **ck** und **k**!

Wörter mit tz

1 Suche die Wörter im Wörterbuch! Entscheide **tz** oder **z**!

das Sal ___	plö ___ lich	schwar ___
das Gese ___	die Wur ___ el	die Hi ___ e
das Her ___	bli ___ en	kra ___ en
zule ___ t	spi ___	der Ar ___ t

2 Finde passende Wörter! Markiere den kurzen Selbstlaut vor dem **tz**(.)!

atz: kratzen, ___

etz: verletzen, ___

itz: der Blitz, ___

otz: der Trotz, ___

utz: schmutzig, ___

3 Trenne die Wörter nach Silben!

blitzen:	___	nutzen:	___
blitzten:	___	nützlich:	___
letzter:	___	schwitzen:	___
zuletzt:	___	schwitzten:	___

★ Manche Wörter aus anderen Sprachen werden mit **zz** geschrieben. Entdecke solche Wörter!

Früher und heute

Zeitformen des Verbs

1 Unterstreiche die Verben!

Seit etwa 100 Jahren gibt es Spielzeug für Kinder.
Für das Spielen blieb den meisten Kindern wenig Zeit.
Die Kinder trafen sich draußen und spielten
gemeinsam Murmel- und Kreisspiele.
Sie besaßen kaum Spielzeug.
Für sie gab es keine Kinderzimmer.
Die Mädchen liebten besonders Puppen und Kaufmannsläden.
Eisenbahn und Zinnfiguren wünschten sich die Jungen.
Heute sammeln und tauschen die Kinder gern Sticker.
Nachmittags treffen sie sich oft in Sportvereinen.
Viele Kinder spielen auch an Tablet und Computer.

2 Schreibe die Verben im Präsens und im Präteritum heraus!

Präsens (5 Wörter): ____________________

____

Präteritum (7 Wörter): ____________________

____

3 Schreibe mit dem Verb **lesen** einen Satz im Präsens und einen im Präteritum!

____

____

____

★ Erforsche, welche Spielzeuge es heute nicht mehr gibt!

Personalformen des Verbs

1 Verbinde die Personalform im Präteritum mit der dazugehörigen Grundform!

es blieb | sie hatten | es blickten | wir nahmen | sie trafen | er führte

führen | nehmen | treffen | haben | blicken | bleiben

2 Übertrage die Verbformen in die Tabelle und ergänze die fehlenden Formen!

Präsens	Präteritum	Grundform
wir	wir	sitzen

3 Setze die Verben in der richtigen Zeitform ein.

Früher ____________ die Kinder mit dem Griffel auf einer Schiefertafel.

Sie ____________ auf festen Holzbänken.

Zum Spielen ____________ nur wenig Zeit.

Die Kinder ____________ viel im Haushalt.

sitzen
helfen
schreiben
bleiben

★ Erkläre deinen Mitschülern die Verben **kreiseln** und **klimpern**!

Einen Gegenstand beschreiben

1 Streiche durch, was **nicht** den Gegenstand beschreibt!

Holzstelzen | Stoff | Holz | zwei dicke Holzstäbe | im Auto

rote Spitze | braun lackiert | mit Fußstützen | Wolle

für Sport und Spiel | Wasser | draußen im Hof

2 Ergänze den Steckbrief!

Name: Holzstelzen

Material:

Teile:

Farbe:

Verwendung:

Spielort:

3 Beschreibe den Gegenstand in Sätzen!

★ Beschreibe deinen Mitschülern die Spielzeuge **Kreisel**, **Murmeln** und **Spieldose**!

Wörtliche Rede erkennen

1 Ordne den Fragen die Antworten zu!
Setze in den Sprechblasen die richtigen Satzschlusszeichen!

2 Schreibe das Gespräch ab! Setze die Anführungszeichen!

1 Die Lehrerin fragt: ______

______

Selina antwortet: ______

2 Nun fragt die Lehrerin: ______

______

Paul antwortet: ______

3 Zum Schluss fragt sie: ______

______

Anna sagt: ______

★ Erkunde, was Stammbuchbilder sind! Gibt es sie noch heute?

Wörter mit ß

1 Kurzer oder langer Selbstlaut? Setze **ss** oder **ß** ein!
Schreibe die Wörter dann geordnet heraus!

Wörter mit ss

______

______

______

______

______

drau__en
der Spa__
der Ku__
sü__
das Schlo__
wi__en
grü__en
na__
flei__ig
la__en

Wörter mit ß

______

______

______

______

______

2 Unterstreiche die Verben! Schreibe die Grundform auf!

Heute Morgen floss kaum Wasser aus der Leitung. ______

Unser Opa goss schon zeitig die Blumen im Garten. ______

Oma biss auf einen Kirschkern. ______

Ich schloss die Tür mit einem lauten Knall. ______

Sie riss das Papier in Stücke. ______

★ Finde Nomen mit **ß**.

Wörter mit t

1 Setze richtig ein! Schreibe Großbuchstaben!

1 Wenn ich krank bin, gehe ich zu ihm.

2 Man verschickt es mit der Post.

3 Das ist ein Nadelbaum.

4 Manchmal schreiben wir einen langen …

5 Alle vier Seiten sind gleich lang.

6 Das Jahr hat zwölf …

7 Einmal im Jahr hat jeder …

Das Lösungswort heißt:

2 Ordne die Wörter aus Aufgabe 1 nach dem Abc!
Schreibe sie mit Artikel auf!

3 Schreibe zusammengesetzte Nomen!

STADT	BOOT
HAUS	FÜHRER
GESCHENK	STÜCK
THEATER	PAKET

★ Gestalte ein Rätsel mit **t**-Wörtern!

Bist du fit?

1 Max fuhr drei Tage auf Klassenfahrt in die Jugendherberge.

2 Dort ging er mit einigen Freunden auf Erkundungstour im Park.

3 Dabei entdeckten sie viele verschiedene Spielgeräte.

4 Neugierig kletterte Max auf die Hängebrücke.

5 Nur zwei Kinder folgten ihm mutig.

6 Felix rief: „In fünf Minuten gibt es Mittagessen!"

7 Schnell rannten alle zum Haus.

1 Markiere im Text alle bestimmten und unbestimmten Zahlwörter! Schreibe sie geordnet heraus!

bestimmte Zahlwörter: (3 Wörter) ______________________

unbestimmte Zahlwörter: (3 Wörter) ______________________

2 Schreibe die sieben Verbformen im Präteritum mit den dazugehörigen Personalpronomen heraus!

____

____

____

3 Schreibe Satz 6 und Satz 7 im Präsens auf!

____

____

____

1 ☺ 😐 2 ☺ 😐 3 ☺ 😐

4 Setze die fehlenden Satzzeichen! Markiere die Redebegleitsätze!

Die Kinder haben Fragen zur Steinzeit.
Felix fragt: ▢ Wie wärmten sich die Steinzeitmenschen ▢ ▢
Der Lehrer antwortet: ▢ Sie hatten ein großes Feuer in der Höhle, was nicht ausgehen durfte ▢ ▢
Max fragt: ▢ Was für Werkzeuge besaßen sie ▢ ▢
Der Lehrer sagt: ▢ Sie hatten Nähnadeln aus Knochen und Messerklingen aus Feuerstein ▢ ▢

5 Beschreibe das Leben des Steinzeitmenschen!

- Leben gefährlich und hart
- wurden kaum älter als 30 Jahre
- wohnten in Höhlen
- Felle als Kleidung
- waren etwa nur 1,40 m groß
- jagen, fischen
- Fährten lesen

4 ☺ 😐 5 ☺ 😐

Im Frühling

Mit Adjektiven vergleichen

1 Wähle Adjektive aus, die zum Frühling passen!

Frühling

2 Setze „… **als**" oder „**so** … **wie**" mit dem Adjektiv ein!

Der Frühling hat begonnen.

Am Frühlingsanfang ist der Tag ______ die Nacht. lang

Bei uns auf der Nordhalbkugel werden die Tage wieder ______ die Nächte. lang

Außerdem wird es nun langsam ______ im Winter. warm

Die Frühblüher leuchten ______ im letzten Jahr. bunt

Auch die Vögel singen ______ bisher. laut

Auf der Südhalbkugel wird es langsam ______ bei uns. kühl

Dort beginnt nun der Herbst.

★ Wähle eine andere Jahreszeit und finde passende Adjektive!
Du kannst auch ein Plakat gestalten!

Wörter mit h am Ende des Wortstammes

1 Schreibe Reimwörter auf!

glühen
krähen
drehen
blühen
nähen
wehen

2 Bilde neue Wörter! Verwende beide Verben!

3 Schreibe die Wörter der Wortfamilien heraus!

das Glühwürmchen • fernsehen • genäht • verglühen • die Naht
der Fernseher • nähen • glühend • das Fernsehverbot

★ Was ist Fernsehverbot? Erkläre es deinen Mitschülern!

Der Natur auf der Spur

Meinungen begründen

1 Ordne die Argumente!

Streitfrage der Klasse 3: **Wer ist für eine Nachtwanderung im Wald?**

schlechtes Wetter | das ist toll | draußen in der Natur

Kinder haben Angst | es gibt Gespenster | man kann sich verlaufen

es ist dunkel | man sieht viele Sterne

Argumente dafür:

Argumente dagegen:

2 Welche Meinung hast du? Begründe!

Meine Meinung:

Meine Begründung:

★ Was könnte Seltsames auf der Nachtwanderung passieren?

Wörter mit ä und äu

1 Verbinde die verwandten Wörter!

2 Ordne die Wörter aus dem Kasten zu!

l**ä**nger • vollst**ä**ndig • **ä**hnlich • die **Ä**rztin • der K**ä**fig • tr**äu**men
kr**ä**ftig • der L**ä**rm • die Sch**ä**rfe • w**ä**hrend • n**ä**hen • die Tr**ä**ne

Hier kann ein verwandtes Wort helfen:

lang – ______ *der Traum –* ______

die Kraft – ______ *der Arzt –* ______

die Naht – ______ *scharf –* ______

Das sind Merkwörter:

______

______

★ Finde weitere Merkwörter! *März, ...*

Bist du fit?

Der März ist ______ der Mai. lang

Der April ist ______ der Februar. lang

Im Süden ist es meist ______ bei uns. warm

Im Sommer ist es manchmal ______ im Süden. warm

1 Vergleiche! Verwende „… **als**“ oder „**so** … **wie**“!

2 Bilde Aussagesätze!

im Winter | Biber | schlafen | etwa 20 Stunden am Tag

______

______

halten | Aber | sie | keinen Winterschlaf

______

hat | Die Biberburg | eine Wohnburg und einen Biberdamm

______

______

in kleinen Familien | Biber | leben

______

3 Markiere die Subjekte und die Prädikate!

1 ☺ 😐 2 ☺ 😐 3 ☺ 😐

4 Unterstreiche die sechs Fehler im Text! Schreibe den Text richtig ab!

Im Merz sind die Nechte noch kalt.

die ersten Blumen und Streucher blühen in den Gerten.

Schon früh hörd man die Vögel singen

5 Lies den Text genau!
Notiere wichtige Informationen auf dem Stichpunktzettel!

Die Entwicklung des Maikäfers

Ende Mai legen die Maikäferweibchen ungefähr 80 Eier tief im Boden ab.
Etwa sechs Wochen später schlüpfen die Larven.
Sie heißen Engerlinge.
Diese leben mehrere Jahre unter der Erde und fressen Pflanzenwurzeln.
Nach drei Jahren verpuppen sich die Engerlinge.
Im vierten Jahr schlüpfen aus den Puppen die neuen Maikäfer.

Wusstest du schon?

Rund um den Computer

Laptop | Drucker | USB-Stick | Tablet | Maus | Smartphone

1 Beschrifte die Abbildung!

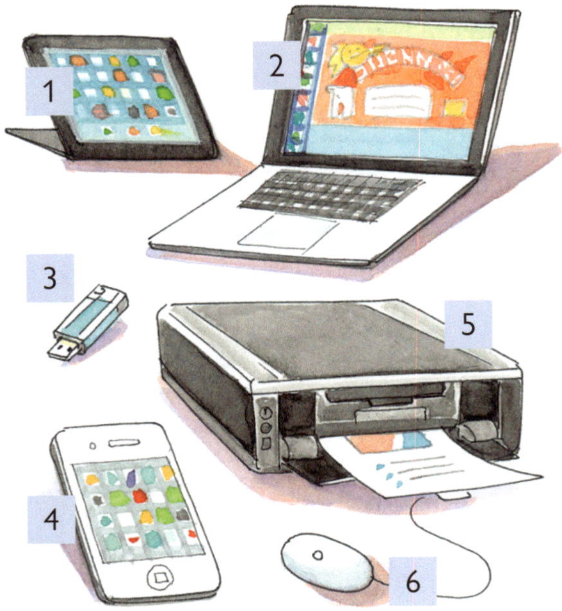

1 ____________________

2 ____________________

3 ____________________

4 ____________________

5 ____________________

6 ____________________

2 Verbinde jedes Wort mit der passenden Erklärung!

surfen	Aus dem Internet kann man Bilder, Texte oder Musik herunterladen.
mailen	Auf Deutsch heißt das Wort: plaudern. Über das Internet kann man mit Hilfe der Tastatur mit anderen „reden“.
bloggen	Darunter versteht man das Springen von einer Internetseite zur nächsten.
chatten	Damit ist das Verschicken von E-Mails gemeint. Eine E-Mail ist elektronische Post, die in wenigen Sekunden durchs Internet geschickt werden kann.
downloaden	Hier schreibt mindestens eine Person im Internet ein Tagebuch, das sich jeder anschauen kann.

★ Was machst du am liebsten mit dem Computer?

Zweiteiliges Prädikat

1 Felix bereitet ein Quiz für seine Klasse vor.
Unterstreiche in jeder Wortgruppe das passende Verb!

1 Thema aussuchen/versuchen

2 Fragen umdenken/ausdenken

3 Informationen im Internet aufrufen/berufen

4 passende Inhalte verwählen/auswählen

5 immer drei Lösungen umschreiben/aufschreiben

6 fertiges Blatt ausdrucken/umdrucken

2 Schreibe die Anleitung von Felix weiter!
Verwende die unterstrichenen Verben als Prädikate!

Felix sucht ein Thema aus.

Danach er sich Fragen

3 Kreise in jedem Satz die Prädikate ein!

★ Schreibe selbst ein Rätsel oder ein Quiz für deine Mitschüler!

Tabellen lesen

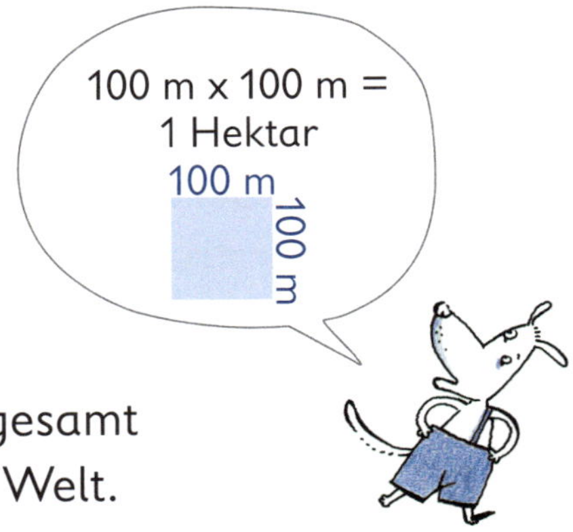

1 Lies den Text!
Fülle dann die Lücken in der Tabelle aus!

Der Thüringer Zoopark Erfurt ist mit 63 Hektar der drittgrößte Zoo Deutschlands. Dort leben insgesamt etwa 346 Tierarten. Das sind 2278 Tiere aus aller Welt.

Name	Fläche	Tierarten	Tiere
Tierpark Berlin-Friedrichsfelde	160 Hektar	815	7682
Zoologischer Garten Halle	9 Hektar	250	1700
Zoo Leipzig	26 Hektar	850	9500
Zoopark Erfurt			
Zoo Rostock	56 Hektar	320	4500

2 Vergleiche die Angaben in der Tabelle! Vervollständige die Sätze!

Die kleinste Fläche hat der ______

Der Tierpark Berlin-Friedrichsfelde besitzt ______ Tierarten.

Im ______ kann man die meisten Tiere beobachten.

Im Zoo Rostock leben ______ Tiere auf ______ Hektar.

3 Markiere die acht versteckten Zootiere!

K	Q	G	I	R	A	F	F	E
P	F	F	H	J	R	Ä	W	O
I	Ö	E	L	E	F	A	N	T
N	G	F	H	S	V	I	P	I
G	P	L	S	N	A	G	L	G
U	J	Ö	X	B	F	S	A	E
I	Z	W	O	L	F	Ü	M	R
N	G	E	P	M	E	F	A	L

★ Welcher Zoo ist der älteste in Deutschland?

Diagramme verstehen

1 Zeichne die Angaben für Tiger und Zebra ein!

So alt können die Tiere im Zoo und in der Natur werden:

Alter in Jahren	5	10	15	20	25	30	35	40	45	50	55	60
Giraffe												
Elefant												
Eisbär												
Tiger												
Zebra												

2 Sieh im Diagramm genau nach! Beantworte die Fragen!

Welches Tier lebt besonders lange? ________

Wie viele Jahre kann eine Giraffe im Zoo leben? ________

Welche Tiere leben im Zoo länger als 20 Jahre?

____

3 Denke dir eine eigene Frage zum Diagramm aus!
Schreibe Frage und Antwort auf!

Frage: ________

Antwort: ________

★ Erforsche, warum viele Tiere im Zoo länger leben!

Einen Text am Computer schreiben

1 Verbinde die Wortgruppen mit der richtigen Erklärung!

Text markieren	„Return"-Taste drücken
Leerzeile einfügen	Text links, rechts, in der Mitte oder im Blocksatz ausrichten
Text ausrichten	gedrückte Maustaste über den Text ziehen
Wörter hervorheben	mit Tastenzeichen Muster machen
Text verzieren	Wörter markieren und fett, kursiv oder unterstrichen formatieren

2 Karam hat seine Antwort am Computer geschrieben und bearbeitet.
Markiere in Text 2 alle Veränderungen!

1

Hallo Maria, vielen Dank für die Einladung zu deinem Geburtstag. Ich komme gern.
Karam

2

****

Hallo Maria,

vielen Dank für die Einladung
zu deinem Geburtstag.
Ich komme gern.
Karam

3 Schreibe in Stichpunkten auf, was Karam alles verändert hat!
Nutze die Wortgruppen aus Aufgabe 1!

★ Schreibe und gestalte selbst eine Einladung!

Wörter mit hl, hm, hn, hr

1 Finde ein verwandtes Nomen!
Schreibe es mit Artikel auf und markiere den Wortstamm!

wählen ______

fühlen ______

gefährlich ______

erzählen ______

bohren ______

lehren ______

2 Kennzeichne alle Wörter einer Wortfamilie mit der gleichen Farbe!

3 Setze immer das passende Wort in die Lücke ein!

wohnen
kühl
Höhle
ernähren
sehr
erzählen
Lehrerin

Zum Wandertag besuchen wir mit unserer ______ eine alte ______. Darin ist es feucht und ______. Im Innern der Höhle ______ viele Fledermäuse. Sie ______ sich von Insekten. Deshalb sind sie ______ nützlich. Nun können wir zu Hause davon ______.

★ Finde Wortfamilien zu **erzählen** und **Fehler**!

Mit Tieren leben

Stichpunkte schreiben

1 Lies den Sachtext genau!

Die Katze
Schon seit Jahrhunderten werden Katzen von den Menschen als Haustiere gehalten. Die Hauskatze stammt von der Wildkatze ab. Die Tiere haben einen runden Kopf mit zwei kleinen Ohren. Sie besitzen Schnurrhaare, ein dichtes Fell und einen langen Schwanz. Katzen klettern sehr geschickt. Mit ihren Augen können sie auch in der Dämmerung gut sehen. Besonders gern spielen die Tiere mit allem, was sich bewegt. Katzen können 12 bis 14 Jahre alt werden.

2 Unterstreiche im Text mit vier Farben, was du über die Abstammung, das Aussehen, Besonderheiten und das Alter von Katzen erfährst!

3 Schreibe deine Stichpunkte auf die passende Karte!

Abstammung:

____

Aussehen:

____

____

____

____

____

Besonderheiten:

____

____

____

____

____

Alter:

____

★ Erkunde, was Katzen alles fressen!

Wörtliche Rede und Begleitsätze

1 Lies den Text! Was sagt Mia? Was sagt die Verkäuferin?
Unterstreiche mit zwei verschiedenen Farben!

Mia möchte sich ein Meerschweinchen kaufen. Sie informiert sich deshalb in einer Zoohandlung.

Mia fragt: „Wie groß muss der Käfig sein?“ Die Verkäuferin antwortet: „Der Käfig sollte viel Platz bieten.“ Mia will weiter wissen: „Was fressen diese Tiere?“ Die Frau sagt: „Sie brauchen ausreichend Heu und Frischfutter.“ Mia erkundigt sich: „Kann ein Meerschweinchen auch allein im Käfig leben?“ Die Verkäuferin erklärt Mia: „Meerschweinchen sind sehr gesellige Tiere. Sie sollten deshalb mindestens zu zweit gehalten werden.“

2 Ergänze die Begleitsätze richtig!

tröstet
antwortet
klagt
fragt

Mama ______: „Wo bist du gewesen?“

Mia ______: „Ich war in der Zoohandlung.“

Mias Bruder ______: „Du wolltest mich doch mitnehmen!“

Mia ______: „Du darfst das Tier mit aussuchen!“

3 Was könnte Mia in der Zoohandlung noch fragen?
Schreibe zwei Fragesätze auf! Setze die Zeichen der wörtlichen Rede!

Mia fragt: ______

Mia will wissen: ______

______

★ Finde heraus, wie das Meerschweinchen zu seinem Namen kam!

Nach dem Subjekt fragen

1 Frage in jedem Satz nach dem Subjekt: **Wer oder Was?**
Schreibe die Frage auf und unterstreiche das Subjekt!

Die Erdmännchen leben im Süden Afrikas.

Greifvögel sind die Feinde dieser Tiere.

Erdspalten bieten ihnen Schutz bei Gefahr.

Ein Erdmännchen hält immer Wache.

2 Schreibe Aussagesätze!
Unterstreiche das Subjekt, kreise das Prädikat ein!

der Eisbär	gehören	am Nordpol
die Giraffe	leben	zu den Raubkatzen
der Löwe	fressen	Blätter vom Baum

★ Ergänze das Wortfeld! Tiere können: **schleichen**, **springen**, …

Wörter mit ie

1 Unterstreiche Reimwörter mit gleicher Farbe!
Schreibe sie dann geordnet auf!

biegen • Ziel • gießen • viel • wiegen • schießen • Spiel
liegen • fließen • Stiel • fliegen • schließen

2 Schreibe mit jedem Brückenwort zwei Zusammensetzungen auf!

Reise	Ziel	Fahne
Fußball	Spiel	Feld
Auto	Spiegel	Bild
Brief	Papier	Flieger

3 Trage die Wörter ein!
Schreibe Großbuchstaben!

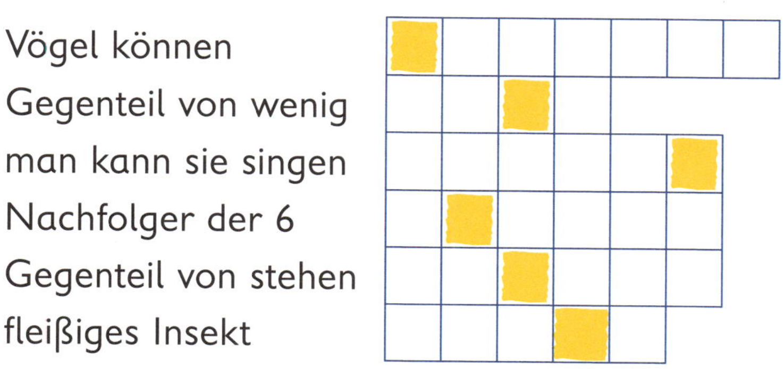

Lösungswort:

★ Sammle zusammengesetzte Nomen mit dem Wort **Tier**!

Bist du fit?

Die Grille und die Ameise

Den ganzen Sommer über sammelte die Ameise fleißig Vorräte. Dabei vermisste sie ihre Freundin, die Grille. Sie fragte jeden Waldbewohner: Hast du die kleine Grille gesehen Der Fuchs sagte: Ich glaube, sie ist weggezogen Die Ameise entgegnete: Das würde sie nie tun, ohne mir Bescheid zu sagen Die schlaue Eule gab der Ameise einen Rat: Gib eine Anzeige in der Waldzeitung auf, dann wirst du sie finden

1 Unterstreiche die wörtliche Rede farbig! Setze die fehlenden Zeichen!

2 Markiere Subjekt und Prädikat!

Laura und Erik sitzen am Computer.

Sie bereiten einen Vortrag über Hauskatzen vor.

Laura schaltet den Computer ein.

Erik schlägt schnell die richtigen Seiten auf.

Wichtige Informationen schreibt Laura ab.

Erik fügt noch ein Bild ein.

Zum Schluss drucken die Kinder den Text farbig aus.

3 Schreibe die Grundformen der zusammengesetzten Verben auf!

1 ☺ 😐   2 ☺ 😐   3 ☺ 😐

4 Lies das Diagramm! Beantworte dann die Fragen!

Umfrage in der Klasse 3: Wie viele Bücher hast du in diesem Jahr gelesen?

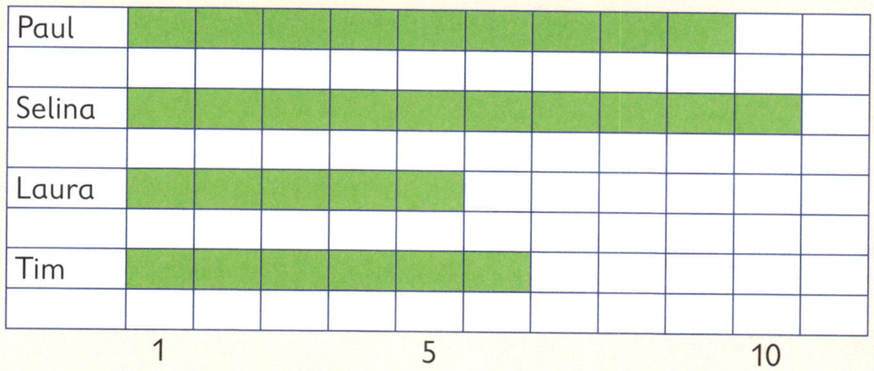

Wer hat die meisten Bücher gelesen? ______

Wer hat die wenigsten Bücher gelesen? ______

Wie viele Bücher haben die vier Kinder zusammen gelesen?

______

5 Unterstreiche im Text nur die Informationen, die für den Stichpunktzettel wichtig sind! Schreibe sie dann auf!

Katzen sind schon lange Freunde des Menschen. Die Tiere haben ein dichtes Fell und ein Raubtiergebiss. Besonders auffallend sind ihre vier Eckzähne. Die Zunge der Katze ist lang und hat kleine Widerhaken. Damit kann das Tier gut Flüssigkeiten aufschlecken. Mit ihren langen Schnurrhaaren kann die Katze sehr gut tasten. Katzen sind geschickte Kletterer. Auch in der Dämmerung können sie gut sehen.

Das Aussehen der Katze

______

______

______

______

______

______

4 ☺ 😐 **5** ☺ 😐

Bücher, Bücher …

Bücher unterscheiden

1 Immer drei Teile gehören zusammen.
Male die Buchstaben mit gleicher Farbe aus!

[D] Comic [i] Sachbuch [t] Kinderbuch

[s] ***Der Siebenschläfer bewohnt hauptsächlich Laub- und Mischwälder. Er hat einen buschigen Schwanz und sieht Mäusen sehr ähnlich.***

[o] Diese Bücher erzählen von erfundenen oder wirklichen Begebenheiten und Dingen.

[a]

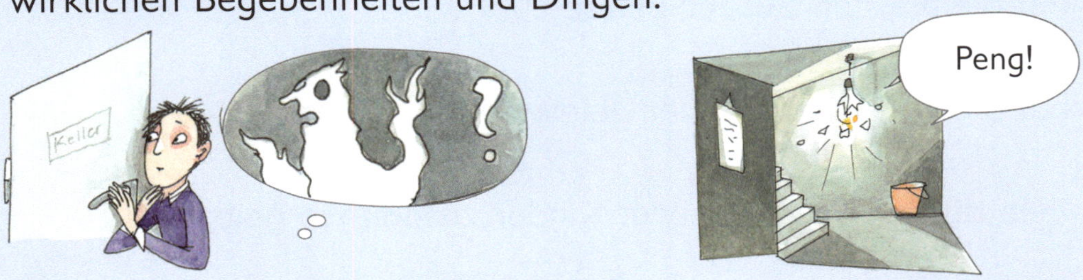

[t] In diesen Büchern kannst du dich über verschiedene Sachverhalte informieren.

[ll] Die Sommerferien waren ziemlich verregnet. Max schaute wütend aus dem Fenster. „Schon wieder kein Badewetter!“, schimpfte er. Plötzlich klingelte …

[s] Hier wird eine Geschichte in Bildern dargestellt.
Oft gibt es (Sprechblasen) oder (Denkblasen).

Lösungssatz: ___ ___ ___ ___ ___ ___ ___ ___ ___ ___ !

2 In welchen Büchern stehen solche Texte? Schreibe die Namen darüber!

______________________	______________________
Es war einmal ein kleines Mädchen, das hatte jeder lieb …	**Tomatensuppe** Zutaten: Tomaten, eine Zwiebel, …

★ Welche Bücher liest du besonders gern?

Wörter mit ss und ß

1 Entscheide, ob **ss** oder **ß**!
Markiere die Selbstlaute davor so: lang (_) / kurz (.)!

schlie ___ en	das Schlo ___
bei ___ en	der Bi ___
grü ___ en	der Gru ___
rei ___ en	der Ri ___
sto ___ en	der Sto ___
me ___ en	das Ma ___

2 Bilde neue Verben! Schreibe sie auf!

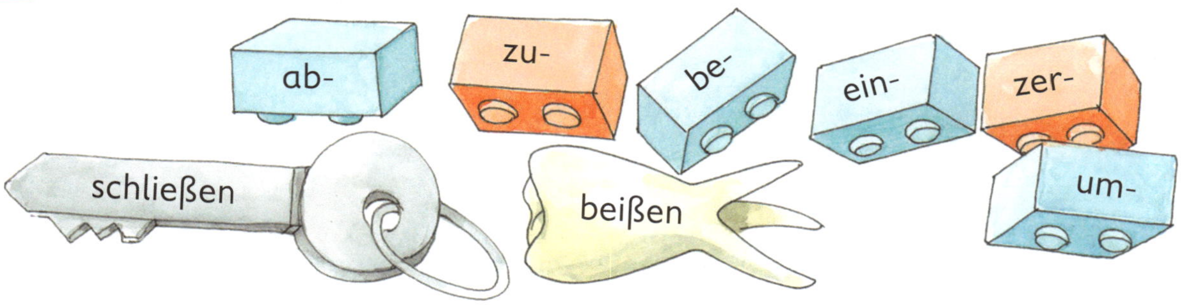

(5 Wörter)

(3 Wörter)

3 Wähle drei Verben aus Aufgabe 2 aus! Schreibe Wortgruppen!

★ Finde noch weitere dieser Verben! *essen* – aber *er aß* …

Einen Comic gestalten

1 Betrachte die Bilder! Schreibe noch einen Satz dazu!

Die geheimnisvolle Insel

Nach einer langen, abenteuerlichen Fahrt mit dem Ballon landet Ben endlich auf einer einsamen Insel. Er hat großen Hunger.

2 Fülle die Sprechblase und die Gedankenblase aus!

3 Wie könnte die Begegnung mit dem **Girazedil** enden? Gestalte weiter!

★ Welche exotischen Tiere möchtest du treffen?

Ideen für Geschichten sammeln

1 Zeichne dein Tier! Gib ihm einen Namen!

NASGUFANT

PATIMEL

2 Suche dir ein Tier aus! Sammle weitere Wörter!

Was frisst das Tier?

Himbeereis,

Wie sieht es aus?

riesig,

Wo schläft es?

im Mauseloch,

Was wollt ihr zusammen machen?

Sandburgen bauen,

★ Erzähle oder schreibe dein Inselabenteuer auf!

Im Sommer

Tabellen lesen und verstehen

1 Fülle die Lücken in der Tabelle aus! Beantworte dann die Fragen!

Uhrzeit	10 Uhr	12 Uhr	14 Uhr	16 Uhr
Wetter				
Lufttemperatur	24°C	28°C		32°C

wolkig
sonnig
Gewitter

Um 14 Uhr ist es bei 30°C sonnig.

Wann wird die höchste Temperatur erwartet? ____________

Wie viele Stunden wird es sonnig sein? ____________

Wann wird ein Gewitter erwartet? ____________

Wird es am Vormittag regnen? ____________

2 Welches Wasserbecken ist gemeint?
Vervollständige die Sätze!

Schwimmerbecken	22°C
Springerbecken	24°C
Wellenbecken	25°C
Massagebecken	28°C

Leon badet bei 25°C im ____________.

Im ____________ ist es am kältesten.

Am wärmsten ist es im ____________.

Die Temperatur im ____________ beträgt 24°C.

★ Was tust du im Freibad am liebsten?

Adjektive mit -ig, -lich, -isch

1 Schreibe die Wörter geordnet in die Tabelle!
Ergänze die fehlenden Adjektive!

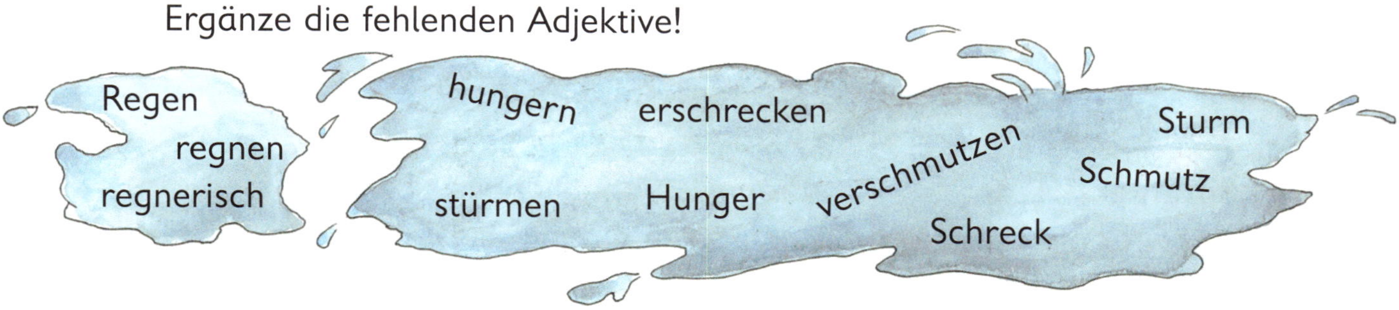

Nomen	Verben	Adjektive

2 So ein Kuddelmuddel!
Unterstreiche die Adjektive farbig!

Heute war ein hungriger Tag. Ein schmutziger Wind blies ums Haus.
Die regnerischen Spatzen badeten trotzdem in den stürmischen Pfützen.

3 Schreibe die Wortgruppen aus Aufgabe 2 richtig auf!

ein regnerischer Tag,

Erfinde ein **Kuddelmuddel** mit Adjektiven!

Sommerferienwünsche

1 Lies die Treppengedichte!
Zähle in jeder Zeile die Adjektive! Schreibe die Anzahl dahinter!

Sommer
heißer Sommer
langer, heißer Sommer
sonniger, langer, heißer Sommer
lustiger, sonniger, langer, heißer Sommer

Abenteuer
spannendes Abenteuer
dunkles, spannendes Abenteuer
gruseliges, dunkles, spannendes Abenteuer

2 Suche dir ein Nomen aus, das zum Sommer passt!
Sammle dazu Adjektive!

Mein Nomen: ______________________

Adjektive: ______________________

____

3 Schreibe dein Treppengedicht auf und gestalte es!

★ Warum ist nicht jeder Wunsch erfüllbar?

Wörter mit aa, ee, oo

1 Finde die Nomen mit **aa**, **ee**, **oo**! Schreibe sie auf!

großer Raum ______ • fällt im Winter vom Himmel ______

wächst auf dem Kopf ______ • fährt auf dem Wasser ______

Tierpark ______ • großes Gewässer mit Wellen ______

erfüllt im Märchen Wünsche ______

kann man essen ______ • heißes Getränk ______

wächst auf der Wiese ______

2 **Paar** oder **paar**? Setze richtig ein!

ein ______ Kinder

ein ______ Schwimmflossen

ein ______ Badeschuhe

ein ______ Getränke

ein ______ Handtücher

ein ______ Socken

3 Schreibe jeweils einen Satz mit **paar** und **Paar**!

______

______

★ Findest du Wörter mit **ii** und **uu**?

SF S.124

Bist du fit?

Am letzten Sonntag verbrachten wir eine

__________ Nacht.

Wir durften im __________ Baumhaus schlafen.

Das war sehr __________. Keiner von uns

war __________.

Zuerst erzählten wir uns __________ Geschichten.

Spät am Abend wurde es auf dem Baum ganz __________.

Als wir morgens aufwachten, war es wieder __________.

Abenteuer
Luft
Spaß, Angst
Witz
Ruhe
Sonne

1 Setze passende Adjektive in die Lücken!
Die Nomen im Kasten helfen dir!

2 Trage **ss** oder **ß** richtig ein!

bei ___ en • die Stra ___ e • e ___ en • grü ___ en • sü ___ • verge ___ en
der Flu ___ • der Spa ___ • drau ___ en

3 Schreibe die Verben aus Aufgabe 2 in die Tabelle!

Grundform	Präsens	Präteritum
	er	er
	er	er
	er	er
	er	er

1 ☺ 😐 **2** ☺ 😐 **3** ☺ 😐

4 Setze **Paar** oder **paar** richtig ein!

ein ______ Schwimmflossen

ein ______ Muscheln

ein ______ Federbälle

ein ______ Turnschuhe

5 Lies genau! Fülle die Lücken im Text aus!

	Montag	Dienstag	Mittwoch
morgens			
mittags			
abends			

 bewölkt
 wolkig
 sonnig
 Gewitter

Am ______ ist es den ganzen Tag wolkig.

Am Dienstag ist es morgens ______.

Ein Gewitter kann am ______ kommen.

Am ______ und am ______

ist es mittags ______.

6 Schreibe einen Wunsch für die Sommerferien auf und begründe ihn!
Schreibe Sätze!

______

______

______

Sprachfreunde 3

Arbeitsheft
Ausgabe Nord

Erarbeitet von
Katrin Junghänel, Susanne Kelch und Andrea Knöfler

Unter Einbeziehung der Ausgabe von
Susanne Kelch, Andrea Knöfler, Heike Schindler und Heike Wessel

Unter Beratung von
Jenny Glase (Berlin)

Redaktion: Christina Nier

Illustration: Barbara Schumann, Uta Bettzieche (Hund und Detektiv)

Umschlaggestaltung: tritopp Berlin; Uta Bettzieche, Barbara Schumann

Layout und technische Umsetzung: tritopp, Berlin

www.vwv.de

Alle Drucke dieser Auflage sind inhaltlich unverändert und können im Unterricht nebeneinander verwendet werden.

Druck: Firmengruppe APPL, aprinta Druck, Wemding

1. Auflage, 1. Druck 2016
Arbeitsheft 3, Ausgabe Nord
ISBN 978-3-06-083644-4

1. Auflage, 1. Druck 2016
Arbeitsheft 3, Ausgabe Nord mit CD-ROM
ISBN 978-3-06-083645-1

PEFC/04-32-0928

PEFC zertifiziert

Dieses Produkt stammt aus nachhaltig bewirtschafteten Wäldern und kontrollierten Quellen

www.pefc.de